So

gesehen!

Gedichte

von

Norbert Scheurig

(Neckar-Odenwald Brecht)
Titelbild: August Macke

Herstellung und Verlag:
BoD - Books on Demand, Norderstedt
ISBN 978-3-7448-0983-2

Neue Zeiten, neue Gedichte!

Es freut mich, dass ich meine neuesten
Gedichte, durch mein Büchlein:
„*So gesehen*"
mit allen Freunden, Lesern und
Menschen die Gedichte mögen, teilen
kann.

Norbert Scheurig

Zerrissenes Licht!

Zerrissen ist das Licht,
laut nach Hilfe kreischt.
Manches Angesicht,
versteht es nicht!

Dunkel hat die Welt umgarnt,
wie zäher Schleim,
der Anderswelt,
was gefällt!

Gewählt, gezählt, gewonnen,
Dunkles Licht kehrt ein.
Sternenlicht verronnen,
„Trumpig" wird das Sein!

Klar, in manchem Allerlei,
ist oft faulig Frucht dabei,
geschoren, verloren,
der Lichterkranz erlöscht!

Doch denket nach,
vergesst das Dunkel Licht,
damit es wieder hell werde,
in jedem Angesicht.

Engagement

Irgendwie es wird mir klar,
dass Engagement erfolgreich war!
Man stand an Straßen und an Orten,
überzeugte dort mit seinen Worten,
Doch wenn ein Werk gelungen ist,
man Taten derer schnell vergisst!
Andere stehen vorne dort,
über Initiatoren nicht ein Wort!
So ist es halt im Menschenleben,
wer etwas tut, steht meist daneben.
Drum schwöre ich, bin alter Mann,
mich nicht mehr engagieren kann.
Nur noch in meiner eigen Welt,
wo Engagement bei allen zählt!

Bild: August Macke.

Zeichen vergessen,

lautes Kreischen.
Nicht erkannt,
die ehrliche Hand.
Sich selbst verloren,
Eingang versperrt,
Manchem der kommt,
den Eintritt verwehrt!

Placidus Herzog

(Kupferstich)

Farbenpracht!

Bunte Blüten, glaubt es mir,
sind meines Gartens schönste Zier.
Es ist schon wie es immer war,
bunt macht alle Wünsche wahr.

Zwischen drin sind braune Flecken,
die mich sehr erschrecken.
Die wunderschöne Blütenpracht,
wird vom braun kaputt gemacht.

Verwelktes braun aus alten Zeiten,
ist für bunte Blütenpracht,
nicht gemacht,
ich reiß es raus und aus!

Nun ist mein Garten wieder schön,
kann keine braune Flecken sehn.
Doch sind die Wurzeln immer da,
wer sie begießt, vergaß was einst
geschah.

Ich wünsche allen Gartenfreunden,
Farben die nur Freud bedeuten.
Verwelktes braun soll nie mehr sein,
bunt soll unsere Zukunft sein.

Eisenbesen

Kehrt mit eisenharten Borsten,
braunen Dreck hinaus ins All.
Dann wird die Welt genesen,
hier und dort und überall.

So gesehen!

Das Problem der Menschen ist nicht der
Glaube,
sondern was mit dem Glauben gemacht
wird.

Freundschaften!

Standen zusammen
Hand in Hand,
im stürmischen Land.
Wie Vögel
über Grenzen geflogen,
das Haupt erhoben!

Doch irgendwann,
wenn der Freunde „Ich"
nicht mehr über Grenzen fliegt,
nur die eigne Meinung siegt,
bröckelt manches Fundament,
das man Freundschaft nennt.

Hart und stur,
man hat vergessen,
dass man einen Freund besessen.
Oft denke ich darüber nach,
war man zu satt, vergaß
was man für Freunde hat?

Kann es einst gelingen,
Freundschaften zurück gewinnen?
sich verstehen in vielen Fragen,
trotz anderer Meinung sich vertragen,
ich weiß es leider nicht,
weil jeder Kopf ein anderer ist!

Bild:
August Macke

Grünes Gras und rote Blüten!

Wenn einst auf Auen und auf Wiesen,
grün in grüner Pracht erscheint.
Rote Blüten dazu sprießen,
gäb es keinen mehr „der weint".

Denn rote Blüten, wunderbar,
muss auf grünen Stengeln stehen,
obwohl so manche, zwar,
dieses nicht so sehen!

Schwarz wird Einspruch nun erheben,
doch schwarze Blüten gibt es nicht,
die zum Sonnenlichte streben,
sie wachsen nur wenn´s dunkel ist.

Man hofft, dass dieses nun erkannt,
dass schwarz und grün nicht passen,
wo es so ist wird nicht genannt,
nur eins, man sollt es lassen!

Natürlich sind auch braune Flecken
da und dort zu sehen,
keiner sollt davor erschrecken
dann werden sie vergehen!

Lasten!

Werft endlich ab, so manche Lasten,
die uns im Lande stark belasten.
Ich hab erkannt, wie es einst kam,
Freiheit und auch Leben nahm.

Soll das Heil nun wieder sein,
national wie damals sein,
Schmerz und Leid, Millionen Tote,
war danach die traurig Quote.

Wollen wir wieder Lieder singen,
den Müttern tote Söhne bringen,
wie damals in der Nazi Zeit,
seid zur Gegenwehr bereit!

Oder wollt ihr wieder wählen,
Demokratie und Freiheit quälen.
Den Frieden nun nach langen Jahren,
wegen Dummheit nicht bewahren?

Rechtsparteien, Nazischergen,
die ihr wahres ich verbergen,
willst du diese wiederhaben,
werd ich Dummkopf zu dir sagen!

Hühnerrache!

Die Rache nun vom Huhn,
vergiftete Eier für unser Tun.
Einst haben sie in ihrem Leben,
gute Eier uns gegeben!

Heute nur noch Sklaven sind,
ohne Sonne, ohne Wind,
eingesperrt im Legestall,
nehmen Rache überall.

Profitgier war des Menschen Ziel,
Hühnerleben zählt nicht viel,
Sogar Hähne tötet man,
weil keiner Eier geben kann.

Ich ziehe gerne meinen Hut,
vor Hühnern und vor ihrem Mut,
allen nun bewiesen hat,
dass jedes Ei ein Leben hat!

Wer Tiere zu Maschinen macht,
dabei noch profitlich lacht,
dem wird zurück gegeben,
irgendwann im Leben!

Bild: Albert Anker

Wenn Faschisten ....!

Wenn Faschisten streiten,
ja dann singen wir,
nicht von Hass und nicht von Neid,
bis in alle Ewigkeit,
nicht von Schießgewehren!

Wenn Faschisten streiten,
ja dann singen wir,
nicht von Mauern oder Zaun,
wäre unser aller Traum,
nicht von Obergrenzen.

Wenn Faschisten streiten,
ja dann singen wir,
nicht von alten Nazitanten,
oder neuen Pediganten,
nicht von braunen Fahnen.

Wenn Faschisten streiten,
ja dann singen wir,
„von Menschlichkeit und Leben"
Auf unserem Planeten,
Gemeinsam und zusammen !

Originalfoto:
Schofför

Gerechtigkeit

Leider ist man nicht soweit,
versteht das Wort Gerechtigkeit.
Man diskutiert, man kritisiert,
was dieses Wort uns sagen kann,
heute, morgen, irgendwann.

Klar, viele wollen nicht verstehen,
weil sie das alles anders sehen.
Jene die Millionen haben,
ins Steuerparadies es tragen,
deshalb ist Gerechtigkeit, noch weit.

Ich hoffe, dass Gerechtigkeit,
von manchen Sorgen uns befreit.
zum Beispiel: „Kindertagesstätten"
wir gerne kostenlos sie hätten,
das ist gerecht und wär nicht schlecht.

Sogar vom neuen Mindestlohn,
hat keiner was davon.
Weil die Banken kennen keine
Schranken,
für sein Konto muss man zahlen,
ändert das noch vor den Wahlen!

Natürlich wär´s noch nicht vollbracht,
Gerechtigkeit gerecht gemacht.
Aller Anfang ist sehr schwer,
doch sollten wir nun all versteh´ n,
ist Gerechtigkeit bald nicht mehr fern.

Foto: <u>Creative-Commons</u>-Lizenz
Staro 1

Polizei

Bei zu wenig Polizei,
ist oft laut des Bürgers Schrei,
wenn es mehr sind,
die uns schützen,
gibt es wiederum Geschrei,
was soll dies dem Bürger nützen.

Täglich auch an Feiertagen,
ihre Haut zu Markte tragen,
für uns da sind Tag und Nacht.
werden wieder schlecht gemacht.

Wenn in den Berichten steht,
was bei vielen gar nicht geht,
oft als Abkürzung gedacht,
wird von jenen schlecht gemacht,
die man im Lande schützen will,
irgendwie wird's mir zu viel.

Dann ist laut so mancher Schrei,
rassistisch ist die Polizei,
Dummheit wird in diesem Lande,
immer mehr zu einer Schande.

Als Schreiber nun von dem Gedicht,
sag ich denen ins Gesicht,
die mit ihren dummen Reden,
heftig mal getreten werden,
laut ist dann so mach Geschrei,
wo war denn nur die Polizei!

Original Foto: Kalispera Dell

Hab geträumt heut Nacht!

Hab geträumt heut Nacht,
bin dann aufgewacht.
Sah Menschen leiden,
andere lachen,
Schmerz und Tod,
und solche Sachen!

Hab geschwitzt heut Nacht,
alles feucht,
sah ein kleines Licht,
hell es leucht.
Hat mir gesagt,
es geht bergab.

Hab mich geschämt heut Nacht,
sah viele Menschen,
die im Bombenhagel,
grausam enden,
sah auch ein Gesicht,
den Namen sag ich nicht!

Hab mir geschworen,
heut am Morgen,
alles zu tun,
als kleiner Mann,
dass auf dem Planet,
jeder in Würde leben kann.

Gedenkstätte Buchenwald
Foto: Hubert Link

Schützer !

Vielen Dank an alle Schützer,
überall in unserer Welt.
Tiere, Bäume, Kirchentürme,
klar, dass mir das auch gefällt.

Doch nun die Frage aller Fragen,
wo ist der Menschenschutz e .V.
für die, die nichts im Magen haben,
jeder kennt den Grund.

Weil der Reichtum dieser Erde,
ungerecht verteilt,
nur Hoffnung, dass es besser werde,
wenn man mit anderen teilt.

Ich kann verstehen, dass viele gehen,
ihre Heimat gern verlassen,
Dorthin, wo man das Essen
wegwirft und verfaulen lässt.

Selbst höchste Meereswellen,
ertrinken und im Meer ein Grab,
hält Menschen die vor Hunger schreien,
vor dieser Fahrt nicht ab.

Seid dabei macht alle mit,
wir gründen Menschlichkeit e. V.
Der Beitrag so wie man es kennt,
wäre Pinaz wie man es nennt!

Im Namen der Menschlichkeit
Dagmar Ander

Rote Rosen,

Send euch heute rote Rosen,
um neues zu verstehen,
die Welt verändert sich,
altes wird vergehen.

Es war doch immer so,
junges Denken strebt nun auf,
gibt dieser unserer Zeit,
neuen Weltverlauf.

Klar es ist doch wunderbar,
dass Jugend die Welt verändern will,
was manchen sturen Alten zwar,
nicht sehr gefallen will.

Denkt zurück an eure Zeit,
einst ihr als junge ward bereit,
neue Dinge zu erkennen
und freudig es beim Namen nennen!

Nur eins was mir sehr wichtig ist,
verteufelt Nazi – Politik,
weil ich als Nachkriegskind,
erlebt wo die Probleme sind.

Drum sage ich als alter Mann,
lasst endlich mal die Jugend ran,
um neue Dinge zu entdecken,
die keinen auf der Welt erschrecken.

Bild: Pierre-Auguste Renoir

Gruß von der Natur!

Heult der Sturm
aus steilen Landen,
bis in die Ewigkeit hinein,
berichtet er von unseren Schanden.

Blutroter Regen
peitscht hernieder,
bis in den Höllenschlund,
vergessen sind nun alle Lieder.

Brocken aus Eis,
aus tiefdunkler Nacht,
schlagen in die geschundene Erde,
vernichten all unsere Pracht.

Glut aus dem All,
von ewigen Zeiten,
bis zum Ende der Welt,
wird Feuer uns begleiten.

Ach, es wäre schön,
wenn die Menschheit erkennt,
es gilt neue Wege zu gehen,
dass die Welt nicht verbrennt.

Vorwärts!

Vorwärts Brüder
Leinen los,
blickt nicht mehr zurück.
Neue Zukunft,
neues Denken,
jeden Tag ein Stück.

Auf geht's Schwestern
packt die Taschen,
gemeinsam wollen wir gehen.
Tag und Nacht,
zusammen wachen,
um „GERECHTIGKEIT" zu sehen.

All ihr Menschen
auf der Welt,
egal aus welchem Land.
Habt Respekt,
vor jedem Mensch,
reichet euch die Hand.

Hassparolen

Wer andere quält mit Hassparolen,
den wird einst der Teufel holen,
klar, wird er nicht im Feuer brennen,
man wird ihn aber Dummkopf nennen!

Solidarität

Wer Solidarität erwartet
aber selbst nicht gibt,
ist ein Egoist
der andere betrügt !

So gesehen!

Wo Hass lebt,
stirbt die Kultur!

Gedanken am 14.09.2015

Wenn wiederkommt was einmal war,
wenn braunes Denken wieder wahr,
wenn wieder herrscht einst Qual und
Pein,
will´s keiner mehr gewesen sein!

Creative Commons

Foto: Txl gkhs

Frühling 2017

Sehe grünen, sehe blühen,
spüre Wärme im Gesicht,
sehe Kinder weinen,
spüren Wärme nicht.

Sehe Menschen auf den Straßen,
Demos und Geschrei,
spüre Hass, gemeine Worte,
und du bist mit dabei.

Sehe Bilder, sehe Tod,
sehe Menschen voller Not,
höre satte Menschen schrei´ n,
kommt nicht in unser Land herein.

Höre oft noch manche Worte,
von Freiheit und Gerechtigkeit,
leider durfte ich erkennen,
ihr seid noch nicht soweit.

Könnt noch viele Verse schreiben,
über manche Menschlichkeit,
irgendwann wird jeder sterben,
seid allzeit nun dazu bereit.

Klar, dürft ihr nun demonstrieren,
gegen euren Tod,
ob es gelingt das wird man sehen,
Tschüss, Ade auf Wiedersehen.

Bild: Gustav Klimt

Damals irgendwann!

Einst im April trug mich der Storch
ins Ländle.
Wobei zu bemerken wäre,
dass es „der Storch" war
und nicht die Storch.
Dies hätte ich nicht überlebt.

Leider lies das stürmische Wetter
nicht zu,
mich an einen anderen Ort zu tragen.
Vielleicht wäre ich bei Aufwind
nicht ein deutsches Kind sondern
aus mancher Sicht
ein böser „Ausländer" geworden!

Eventuell ein Syrer oder ein Afrikaner,
ein Russe oder ein Italiener.
ein Brexit Befürworter oder einer wie
Trump?

Vielleicht müsste ich aus Angst um mein
Leben, fliehen.
zum Beispiel nach Europa,
oder nach Deutschland!

Zum Glück nicht ersoffen
sondern angekommen,
aber nicht willkommen!
Zurück geschickt in Krieg und Tod,
alleingelassen in meiner Not.

Ich will nicht euer Hab und Gut,
eine Suppe und Brot.
Und in Freiheit leben,
würd euch dafür sehr gerne
meine Arbeitskraft
und meine Solidarität geben.

Klar war auf dem Kahn,
mancher mit Verbrecherwahn.
die es schon immer waren,
auch im kaputten Lande eine Schande.
Doch sei bereit,
zur Menschlichkeit !

Bild
Antonio Pisanello

Ab und zu

Ab und zu
ihr lieben Leute,
ist mir zum lachen zumute,
obwohl ich weinen möchte.

Wenn ich hören muss,
„ich bin kein Nazi"
aber die nehmen mir die Arbeit weg,
hat aber noch nie versucht,
selbst zu arbeiten.

Wenn gesagt wird
Ausländer schleppen Krankheiten
in unser Land,
aber trotzdem mehrmals jährlich
in Urlaub fliegt
und dort den „großen" markiert.

Wenn man verbal
nieder gemacht wird,
weil man im Netz ein Bild
von einem toten Kind postet,
damit den Feierabend mancher versaut
weil sich ihr Gewissen regt.

Wenn sich gewisse Fackeldeppen
im Internet positionieren,
und denken die neuen Helden zu sein.
Sorry dann wird es mir erlaubt sein,
dass es mir schlecht wird
und mich übergeben geh.

(An alle, für die das Wort übergeben
ein Fremdwort ist,
übersetze ich gerne: „kotzen")

Ich würd …

Ich würd euch gerne sagen,
ihr seid mir all egal.
Ich würd euch gerne sagen,
ihr seid nicht mehr normal.
Ich würd euch gerne sagen,
der Bauch ist gut gefüllt.
Ich würd euch gerne sagen,
manch Hunger nicht gestillt.
Ich würd euch gerne sagen,
wenn ihr am Tage lacht,
Ich würd euch gerne sagen,
werden Menschen umgebracht.
Ich würd euch gerne sagen,
es ist der Welten Lauf.
Ich würd euch gerne sagen,
nehmt Arme bei euch auf.
Ich würd euch gerne sagen,
wir müssen alle gehen.
Ich würd euch gerne sagen,
dann werden wir verstehen.

Worte für 2018!

Tief im Loche.

Tief im Loche dunkle Nacht,
hält keiner mehr die Wacht.
Jeder will zum Licht,
wo manches wir zerbricht.

Die starken stehen,
die schwachen nicht,
keiner reicht sich mehr die Hand,
Gelobt sei unser Land !

Starker hilft schwachem,
nur noch lachen.
Jeder vergeht,
ob liegt oder steht.

Irgendwann,
so wird es sein,
jedes Loch,
geschlossen sein.

Jene die tief unten lagen,
werden aufrecht stehen,
jene, die nach unten traten,
vergehen !

Zwischen den Zeilen lesen!

Zwischen den Zeilen lesen,
ist kein erkennen,
nur inneres brennen,
das Herz und Seele zerstört.
Der, der es schrieb,
dachte nicht,
dass durch sein Gedicht,
manches zerbricht !
Er will nur sagen,
ohne zu klagen,
dass vieles nicht stimmt,
die Seele verglimmt !
Erkennt man aber seine Worte,
ohne zwischen den Zeilen zu lesen,
wird Herz und Seele genesen !

Nun sind wir am Ende meines Büchleins
angekommen!

Trotzdem noch eine kleine Geschichte
die unbedingt zum nachdenken anregen
soll!

Bild. August Macke

Brief im Jahr 2028 von einem 12 jährigen Bub an Oma und Opa!

Liebe Oma, lieber Opa.
Ich habe euch beide sehr, sehr lieb. Aber könnt ihr mir sagen, warum mein Papa von finster blickenden Männern in brauner Uniform, an der Seite ein komisches Kreuz, verhaftet wurde? Sie sagten er wäre ein Volksverräter weil er ein versiffter Sozialdemokrat war. Er hätte gesagt, dass alle Menschen auf der Welt gleich wären. Es wäre ein Verbrechen gegenüber dem dem deutschen Volk!
Wisst ihr was ein Sozialdemokrat ist?
Ist das etwas schlimmes?
Weiterhin hätte er geduldet, dass mein Freund Bantu, ein Bub aus meiner Straße, auf meiner Geburtstagsfeier war.

Er wäre
ein Neger, der dem Deutschtum schaden
würde. Aber auch er
ist doch allein wie ich! Seine Eltern sind
im Moment, in einem
Erholungsheim für ausländische
Mitbürger!
Ich schreibe euch weil ich ganz alleine
zu Hause bin. Meine Mutti
muss Gehsteige kehren, fünf Stunden am
Tag. Geld erhält sie dafür
nicht, weil sie die Frau meines Papas ist.
Vor einiger Zeit haben wir in der Schule
mit Geschichte begonnen!
Viele Blätter in unserem Geschichte
Buch sind schwarz eingefärbt.
Zum Glück habe ich im Keller das Buch
meines Papas gefunden,
und gelesen, dass bei meiner Geburt
alles anders war. Aber auch
was es bedeutet in ein sogenanntes
Erholungsheim für Ausländer
eingewiesen zu werden.
Auf Nachfrage in der Schule bekam ich
die Antwort, dass völkische
Säuberung ein wichtiger Bestandteil des

deutschen Volkes war und
immer sein wird. Selbst Christen, Sozis,
Grüne, Linke und andere
wären ein Unkraut unserer Zeit das
entfernt werden muss!
Der Beginn der alternativen Wirklichkeit
hätte bereits im Jahre 2014
begonnen und wird nun umgesetzt!
Liebe Oma, lieber Opa habt ihr eure
Geschichtsbücher nicht gelesen?

Antwort vom Opa,
lieber Bub, das haben wir nicht gewusst!

Liebe Leser meiner Gedichte und meiner
Worte.
Gerne berichte ich euch über mein Buch,
mein absolutes Highlight:
„ Freiheit und andere Dinge"
Für mich wurde mit diesem Buch ein
Traum zur Wirklichkeit!

Norbert Scheurig

Freiheit und andere
Dinge

Zum Ende ein Zitat, das zum
nachdenken anregen soll.

Klar, ist gestern nicht heute,
aber wichtig für morgen!

Euer Norbert Scheurig